맨발로 걷는 달팽이

윤건영 시집

인지
생략

들꽃시선 132
맨발로 걷는 달팽이

지은이/윤건영
펴낸이/문창길
초판인쇄/2016년 06월 25일
초판펴냄/2016년 06월 30일
펴낸곳/도서출판 들꽃
주 소/100-273 서울 중구 서애로 27(필동3가) 서울캐피탈빌딩 B202호
전 화/02)2267-6833, 2273-1506
팩 스/02)2268-7067
출판등록/제2-0313호
E-mail:dlkot108@hanmail.net

값 10,000원
* 파본된 책은 바꾸어 드립니다.

ISBN 978-89-6143-193-4 03810

들꽃시선 132

맨발로 걷는 달팽이

윤건영 시집

| 시인의 말 |

방안이 온통 재활용 A4용지다. 그렇게 조각조각 널브러지는 행복에다 또 하나의 행복인 이별을 품에 안는다.

참으로 힘들게 이어온 인연의 길. 늘그막에 맞이한 사랑으로, 그 만남과 헤어짐을 반복하는 동안 자생적으로 태어난 애틋한 감정을 그려낸 시입니다만 사실 작품해설의 서두와 달리 한때의 청춘 시절 사랑 이야기 전부가 아닌 육 개월의 짧은 기간 동안 반복된 만남, 혼란, 다툼. 결국 별리로 이어지는 애증의 과정을 나타낸 미숙아입니다.

죽는 날까지, 가는 곳마다 숙주처럼 숨어 있던 사랑의 어둠들이 혀를 내밀 것입니다. 어떤 날은 사랑의 어둠이 촉수를 뻗어 내 몸 친친 감아놓고, 똬리 푼 뱀의 송곳니로 변해 내 머리 속까지 파고듭니다.

때론 믹스기 회전날개에 휘둘려 내 사랑의 초경으로 홍건했습니다. 아무리 생각해도 안개였습니다. 그러니까 안개의 쇠파이프에 무수히 난타당해 기절하고 깨어나고 기절하고 또 일어났다고 할 수밖에 달리 생각할 여지가 없었던 것 같습니다.

울고 웃으며 서로 나눠가졌던 그 아름다운 편린의 기억인 비움도 원망, 사랑마저도 모두 조용히 내려놓고 언젠가는 나도 저 하늘의 손을 향해 날개를 달게 되겠지만 어둠이 몰고 온, 번식력이 왕성한 식욕을 어쩌지 못하는 저 안개의 흡반에 빨려 남은 생을 다시 허우적거릴지라도 사랑은 해볼 만한 것으로 생각합니다.

비록 상처의 지문이 죽을 때까지 지워지지 않을 것입니다만 결코 그 사랑을 후회하지 않을 것입니다. 어찌 보면 모두 푸념에 지나지 않을 이 넋두리를 곱게 봐 주시기 바랍니다. 끝으로 이 시집이 8년 만에 나올 수 있도록 도와준 미국의 세 여동생과 조카와, 음으로 양으로 애써 주신 독자와 문창길 시인에게 감사드립니다.

2016년 봄
답십리 골방에서

| 맨발로 걷는 달팽이 |

차례

제1부 사랑이라는 짐승

제2부 그리움의 꽃문을 열고

제3부 아름다운 구속

| 맨발로 걷는 달팽이 |

제4부 유리성 유리탑

제5부 동행의 끝

제6부 회상

제 1 부

사랑이라는 짐승

다가올 이별도 모른 채

그림자도 없는
모래밭에서 사람을 만난다.

낙산 바다
파도를 바라보는 그리움뿐
아무도
없다.

모래밭을 경계로
강과 바다가 나눠져 있는
해변을 떠올릴 때

갈매기 한 마리
바람을 찢고 구름을 먹는다.

금세 다가올 이별도 모른 채
콕콕 쪼아
먹는다.

그리움 비늘

비 맞은 어제 밤 빨랫감 씻어 널고
약술이라고 건네 준 진달래술
오늘은 연거푸
들이켭니다.

취하지 않는 행복을 주고
행복에 맴돌게 하는 그 고삐에 순종하며
타인의 눈총을 무수히 견뎌 내야 할
행복한 미래

달을 안고 어둠이 더듬더듬 찾아오면
그 카페메일의 하얀 손을 잡고
아카시아 꽃향기
맡아봅니다.

잊지 말자던 내 언약의 서랍 열었다 닫았다
깨알 같은 그리움 훔쳐보는
사랑의 시작이 활짝
피었습니다.

사랑이라는 짐승

울컥 치밀어 오르는
그리움에 지친 짐승을
다독거린다.

가슴에만 움츠리고 있던
그 짐승

날 사랑하나 보다고
한동안 물끄러미
올려다본다.

실없이 눈물이 난다.
흘러내린다. 그래도
개안체*
그자?*

* '괜찮지' 의 방언
* '그렇지' 의 방언

머나먼 여행

가슴이 흐린 날은
당신을 생각해요

먼 듯 가까운 듯 그렇게요.

긴 여행 떠나는 날은
더욱 더 그래요

사랑이 맑은 날은
가슴을 뒤져 봐요

여긴 듯 저긴 듯 그렇게요.

사랑의 고속도로 위로
별꽃과 달꽃이
피고 진다.

무인도에서

개간하지 않은
저 사랑의 갯벌

밀물썰물
비워 내고 다시 채우는
저 달의
해우소

널브러져
흐드러지게 빛나는
저 생명의
노래

내 안에서
늘 으르렁거리는
섬.

난바다

뱃길을 따라 꿈의 속살만 먹고 사는
난바다 외딴 섬 어부

어느 날 곱게 단장한 달을
손가락으로 가리키며 탄성이다.
"저것 좀 봐요."

그렇게 달 뜨는 밤이면
소리없이 달려드는 당신의 향기는
그리움 바이러스

밀고 당기고 당기고 밀었던
지울 수 없었던 그 홍역마저도
어느 날 눈 녹듯 사라지겠지만 오늘은
기억의 신음소리 따라
싹 틔우고 있다.

혀 깨물며 들썩이던 그 어둠의 어깨마저
이젠 눈부신 허리 곧추세우는
난바다의 봄이다.

블랙홀

언제쯤 지울 수 있을까
꽃 피면 비 오고 낙엽 지면 얼어붙는
고독한 바코드

그리움만 훌쩍 내려놓고
늘 그냥 돌아서는 일에 익숙하지 못해
늘 투정이어요.

내 그림자에도 깊이 배어 있는
그리움 향기마저 꽁꽁 묶어 버리는 당신
너무 힘들어요.

언제쯤 접을 수 있을까
마음이 늘 떠다니고 있는
봄 언덕에서

그저 그냥 빠져들고 마는 블랙홀이어요,
그리움이라는
당신은.

낙타

지금 찾아가는 곳은
멀지만 늙지 않는, 맑고 고운
고향입니다.

한강철교 차창 밖 풍경으로 서 있는
무수히 많은 아파트

저들도 하나씩 저만큼의 고향을 가지고 있지만
그 머나먼 곳까지 찾아가는 건
내 약손가락 건너편
그 언약의 반지
부름입니다.

아무도 모르는 그 쉼터는
나만의 옹달샘

황사 일 때면 찾아가 입술 적시는 오아시스 있어
모래바람 헤치며 사막을 건너가는
나는야
낙타.

철부지

부풀어
부풀어 올라 뺑 뚫린 가슴에
비 내린다.

어디로 가나 어디로 갈까
실타래 풀듯 주절주절 풀어놓아도
그 우산 위 물방울만이 자꾸만 미끄러져
텅 빈 가슴에
가득 찰 뿐

아무도 대신할 수 없는 빗길
그냥 견디기엔 몸서리다.
이 빗길을 밟고 어디론가 훌쩍
떠나버릴까

사랑아 내 사랑아
떠난다면 어디로 걸 거니 어디에 멎을 거니
생떼 부리는 철부지
그리움.

파도

참 아름답다,

밀려오는 밤을
차곡차곡 포개어 개는
새하얀 저 파도
손가락.

그리움에 지쳐
칭얼거리는 저 철부지
곱디고운 가슴에 품어 안고
다독거린다.

울음 그치고
금세 까르르 웃다 잠들면
그제야 비로소 풀어내는
새하얀 가슴앓이
긴 한숨

참 아름답다.

머나먼 오아시스

하얀 기다림
그 앞을 가리는 빗방울
두 손으로 걷어 내는 와이퍼

그렇게 왔다 갔다
자꾸만 돋아나는 가슴 찻건만
공허한 시간의 투정만이
텅 빈 자리를 메우고
또 비워 낸다.

어디서 왔나
어디서 쉬나

물안개 자욱한 벽제 순환도로
그리움의 낙타는 오늘도 태양이 그리워
눈앞을 가리는 물안개 잡아내며
머나먼 오아시스
찾는다.

그리움의 입술

소래포구 찾아가는 정거장마다
넌출처럼 벋쳐 오르는
3월의 계단.

저 모퉁이 돌아가면
저만치 손짓하는 고향도 있겠건만
계단과 계단 그 한 모퉁이에서도
누더기인 청춘의 풀
위태위태 이름 달고
고개 내민다.

오래 전부터 기다림이 몸에 배어
목 길어져 움츠려도 움츠린 것 같지 않은
저물지 않는 그리움의 꽃잎
그 입술

들여다보면 온갖 얘깃거리 집을 짓는다.
그리움에 헌신을 다하는 아무도 넘볼 수 없는
두 날개 잃어, 잃어 하나가 되는
보금자리.

언제나 간이역

그 곳 정거장은
기다림만 헤아리는 약속이었지요.
그 기다림 속에
사랑이 허우적거리고 있었는지
정말 몰랐네요.

기다림이 깊어질수록
사랑하는 만큼 그만큼 더 슬픈 거라고
그 슬픔이 사랑을 키우는 거라고
그 슬픔 주위를 온종일
맴돌았네요.

그러나 당신
너무 심각하게 생각진 말아요.
괜찮아요. 나는 기다림과
그리움의 간이역인
행복이에요 언제나
그렇게.

당신의 어린 양

오늘도 그렇게
끊임없이 쏟아 내는
엄청나게 힘들어하는 투정을
들었습니다.

당신에게 오늘 따라 맞아도
너무 맞아 맘이 골병들어
만신창이 녹초가 되어
80먹은 배추처럼
축 늘어졌습니다.

당신의 어린 양
그리움 속에서 미치도록
헤매고 다녔을 뿐
난 죄 없어요,

추억의 샘이
깊지 않아 아직도 어제처럼
당신을 보고 싶어 한
그 죄 말고는.

제 2 부

그리움의 꽃문을 열고

시간의 도장

당신을 위해
내 詩의 얼굴마다 시간의 도장을 찍어
걸음마 배웁니다.

자꾸만 넘어져 타박상 입는 그 길 험난해도
언약을 위한 멋진 여행 떠나는
어린 아이

그 아이 마음에 숨어 있는
꿈과 사랑을 처음으로 알아 본 당신 위해
낮밤 가리지 않고 뒤뚱뒤뚱
그리움의 간격
좁혀갑니다.

약속의 향기
가득한 기다림 외로움 설렘 한꺼번에
세탁기에 넣고
씻어 냅니다.

내가 수평선이라면
당신은 태양으로 떠오를 거라던
기억의 활주로에 서면
금세 사랑의 맨홀에
빠집니다.

기적

그리움 씨앗 파종하고도
줄다리기만 하다 만신창이가 된
개구리 울음 넘치는 내 그리움 끌어안고
잠듭니다.

때때로 찾아올
어둠의 머리와 꼬리 잘라 내는
춥고 배고프다는 몸뚱어리뿐이어요.

항상 죽음을 옆에 끼고
어떻게 잘 죽을 수 있을까 그 방법만
알게 모르게 찾아다녔던
나를

아침 이슬 저녁 노을
그리움의 새싹인 당신 힘으로 활짝 피었습니다.
그렇게 살아 있음이
기적입니다.

행복은 두려움

당신과 함께
밤늦게 사우나에 갔을 때
아침 무렵 허리가 아프다더니
하혈을 했답니다.

내 인생에서 처음이자
마지막인 아기가 하늘로 떠난다는
인사였습니다.

그리움을 알게 된 후
행복이 두려움이라는 것도
배우게 되었습니다,
오늘에야
비로소.

그래도 당신만 건강할 수 있다면
후회하지 않을 그 오늘이
2007년 6월 7일
목요일입니다.

몸살꽃

"날씨 탓인가 그냥 보고 싶네요."
"성미가 오늘은 엄마하고 자고프다 해요."
"그런데 자꾸자꾸 이상하게 보고파요."

착한 당신, 예쁜 당신
내가 보고 싶다는 말까지 다 하는 걸 보니
이젠 당신도 철드나 봐요.

처음이자 마지막인 아기인데도
아기가 유산되어 중절수술하지 않아 몸 상하지 않고
돈 들지 않아도 된다던 어진 당신,
고운 당신 내가 무능해 정말
면목이 없네요.

헤어진 뒤 보내온 여러 메일을 보면
당신이 몹시 기진해 하고 있다는 걸 느낄 수 있었어요.

그리움의 씨앗인 별이 떨어지고
활짝 피어나는, 한 바구니 가득 넘치는
당신과 내 눈물은
몸살꽃이어요.

만삭의 지명

연인의 밀어
아름다운 속삭임

그 은밀한 부분 가려 주는
발맞춰 내리는
비

깊게 패인
그 고랑 따라 고해로 흘러가는
저 만삭의 지명

육순 언덕 네잎 클로버
가슴에 다시 옮겨 심으면

다시 파고드는 저 산고의 그리움에
뚝 발걸음 멈추는
비

풀잎

당신이 주고 간
아카시아 꽃향기 가득한 그 행복
가스레인지 위에 올려놓고,
끓이고 있어요.

잠의 나라 로또 클로버를
당신이 찾아 헤매고 있을 때
나는 몸살꽃 향기 가득한
사랑을 먹어요.

빗소리로 곱게 화장한 거울 들여다보면
닻 올리고 내리는
어린 뱃사공

그 어린 귀
그리움의 일기예보에 기울이는
드러눕지 않아도 하얗게
피 흘리는 풀
풀잎.

아침정거장

당신과 마주 볼 수 있는
손잡을 수 있는 그 기쁨 하나로
아침정거장에서 만나는
행복

불 꺼진 방 생각의 촛불 밝혀
그리움의 늪에 깊이 빠져 허우적이다 보면
모두 다 잠든 방 당신마저
가고 없고

당신 있어 존재하는 그리움의 사막에서
촛불마저 꺼져버린 천정만
덩그러니 날 내려다봅니다.

당신은 오아시스
나는 낙타.

당신

나만 생각하면 갑자기 가슴 아파진다는 당신
가끔 울먹이다 소리 내어 훌쩍이는 당신
그러다 기분 내키면 나도 모르는 노래 흥얼거리는 당신
술 먹고 필름 끊어졌을 때도 아낌없이 사랑해 주는 당신
때론 남 다 들으라는 듯 흥분해 소리 높이는 당신
때론 남 다 보는, 장소 가리지 않고 뽀뽀해 주는 당신
때론 소리 내어 깔깔깔 박장대소하는
내 사랑 당신
당신

로또 1등 당첨보다도 더 큰 행운인 당신
네 잎 클로버도 아닌 여섯 클로버 행복인 당신
내가 여태 혼자 살아왔던 이유인 당신
토라진 우는 모습 화내는 모습 다 싫지 않는 당신
그 모습 곱게 예쁘고 착하고 어진 당신
그 중에 제일은 이 모두 내 죄 많은 탓인 걸 모르는
내 사랑 당신
당신

콩깍지

좀 더 가까운 곳에서 낮과 밤 헤아리고 싶어
벽제에서 부천으로 옮겨 사랑삼계탕 먹습니다.
뚝배기에 둥둥 떠다니는
아직 포장되지 않은 실을
함께 먹습니다.

오가는 사람마다 부부인가
부녀인가 불륜인가 힐끗힐끗 물음표 던집니다.
콩깍지 낀 제 눈의 안경을 들여다봅니다.

밤새도록 정신 못 차리고
오락가락하는 비님의 발자국 소리 듣습니다.
근심의 목소리 방울방울 하염없이 내리면
그 달콤한 근심을 빈 커피 잔에
가득 채워 마십니다.

까맣게 절어버린 하루가 쨍쨍 일어나면
목마르지 않는 그리움 달리기
다시 또 뽀뽀뽀
사랑입니다.

앞치마 두른 행복

어느 한 곳
안주할 수 없는 밥상을 지고
빨래하는 천사표
당신.

지천명도 훨씬 넘은 나이에 맞이한 하나님 선물. 부엌과 방을 오가는, 앞치마 두른 당신 말 한 마디마다 행복의 씨앗입니다.

흥얼흥얼 콧노래 부르는 크게 작게 넘치게 웃는 소녀 앞에 나는 소년이 됩니다.

그 많고 많은 구혼 마다 하고 빈껍데기뿐인 이 못난이를 행복으로 채워 줍니다. 꿈이 샘솟는 낙원 그 어질고 어진 당신 가슴에 얼굴을 파묻고 웁니다.

이 겨울 나는 싸구려 詩를 씁니다. 까칠해 따가운 수염 깎고 깎다 올빼미 될지라도 이 아름다운 슬픔과 울음의 보초는 멈추지 못합니다.

해, 저물었는데
아직도 두 가슴 문질러
내 하루를 씻어 내는
당신.

독백

1.

꽁치 다섯 마리 버리기 아까워 김치찌개를 했어요. 오랫동안 냉장고에 꽁꽁 얼린 거지만 조금 냄새가 나는 것 같아 후추를 듬뿍 넣었더니 먹을 만했어요. 당뇨에 좋다는, 필리핀에서 구입해 가루로 만든 '임팔라' 거르지 않고 먹고 있어요. 홍삼 달인 물도 벌써 한 통 비웠어요. 당신의 정성과 희생으로 나 오래 살 거예요. 당신이 날 밀쳐내지만 않는다면 오래오래 당신 애먹이며 살고 싶어요.

2.

당신 오늘은 꼭 병원에 갔다 와요. 그러단 정말 고질병이 돼요. 기존에 있는 병이야 그렇다 하더라도 기침 감기나 몸살 정도는 약만 먹으면 나을 수 있는 병이니 제발 그때그때 잊지 말고 병원에 다녀오고 약 잊지 말고 챙겨요. 몇십 걸음 걷다 힘들어하는 당신을 보면 가슴 아파 모두 내가 대신 가져올 수 있다면 다 가지고 싶어요, 당신 영육의 병을.

애늙은이 봄애기

얼마만큼이나 잤을까
이제야 겨우 눈 뜨는
저 봄애기.

사랑이 흔하긴 해도
사랑만큼 아름답고 슬픈 게
또 어데 있겠노!

겨울이 꽉 움켜쥔 손
활짝 펼치면 여기저기 몽우리
내게도 언제 저런 몽우리 가졌던 적
있었을까

내 머리 속
들여다보면 핏을끼다.
벌써 만발해 흐드러졌을끼다,
맞제? 지금 나도 사랑하고 있는
애늙은이 봄애기
아이가!

만 원의 행복

보름가로등 보며
함께 걷던 그 언덕 길
개구리합창 아직도 여전한데
당신은 벌써 저만큼 앞질러가고 있네요.

매번 손 흔들며 돌아서지만
그리움의 팔은 언제 어디서든
당신을 어루만질 수 있어
슬픈 행복

그렇게 생일과 나이를 잊은 간이역에서
내게 준 만 원의 행복
교통 카드를 활짝
펼칩니다.

마법의 성

꿈꾸듯 온종일 그리움 쌓아요.
하지만 너무 힘들어 이젠 조금 쉬어야 해요.
쉬어도 숨이 차는
마법의 성이어요.

사랑하는 일에 나이의 장애는
있을 수 없다는 확고한 믿음 때문에
그 믿음이 날 어디로 데려가는지
알아요.

당신 화살 날아간 곳
사랑이라는 곳, 그 곳에서 금세 눈물로 채워질
지갑 속 서러움이 될지라도
알아요,

오가는 시간, 기다리는 시간조차도
즐겁게 느끼는 건 오직 당신을 만나는
기쁨 때문이라는 것을.

그리움의 꽃문을 열고

빠지지 말라 했건만
그 꽃에 푹 빠져 맑고 밝게 닦아 놓은
고운 그리움의 분 냄새에
취합니다.

말로는 다할 수 없는
이 행복 어쩜 좋아요.

당신 목소리로 아침과 저녁 열어 주는
그 날이 오면 몹시 떨게 될 거예요.
정녕 그럴 거예요.

詩만이 삶의 전부였던
詩만을 사랑할 수밖에 없었던
그런 사고뭉치를 사랑해 주는 착한 당신
당신은 나이팅게일
수호천사인 것을.

제 3 부

아름다운 구속

가시사막

기다림이 약속인가요.
오랜 진통의 그리움을 태워야만
익어가는 연정

당신에게 가는 95번 부천 버스 보면
슬픔이 열린다. 떨어지는
주마등은
사랑

얼마 전 선택의 길 찾아 나선 당신
못난 내 그리움만
펄펄 끓인다.

노라인형의 그림자도
홀로 움직일 수 있다는 걸
정말 몰랐네요.

착한 당신 어진 당신
못 본 지 벌써

열흘.

발바닥 아려오는
젖과 꿀이 흘러넘치는 가시사막.
돈 없인 지속할 수 없는 사랑

그래도 당신은 내 고향.
보고 싶다 보고 싶다
되풀이하는, 나는
앵무새.

아름다운 구속

내가 지금 어디에 서 있는가를 잘 알지만
내 어둠이 당신의 그늘이나 빛이 되어 준다면
그 얼마나 아름다운
구속일까요.

주님의 말씀과 묵상이
당신에게는 최고의 보약이며 치료제인 것처럼
당신이 내게 전해 주는 폰 목소리와
컴퓨터 메일이 내겐 약
보약입니다.

내 몸 아직 건강할 때
좀 더 많이 당신을 사랑해 주고 싶습니다.
태산 같은 하루라도 눈물꽃 웃음꽃 활짝 피워
당신 뒤를 따르겠습니다.

지난밤 그렇게 애먹이더니, 오늘 아침에
당신은, 비님이 정신 차렸다고
투명한 옷 입었다고
웃었습니다.

그리움의 문전에서

낮을 펼쳐 밤을 싸매고
밤을 펼쳐 낮을 지키는
그리움의 낙뢰에 허우적거리다
눈물짓습니다.

달콤한 전염병이 되어버린
내 그리움 절벽에 거꾸로 매달려
낮밤 구별 없이
외쳐대는

그리움의 태반 속에서 만들어진
이력서를 흔들다 지친
로미오

어제와 오늘 사이
그 곳에 떠 있는 외딴 섬
시간을 잃어버린 울음의 문전에 엎드려
손꼽아 기다립니다,
줄리엣을.

늘 유서를 쓰듯

그냥 방바닥에 엎드려
詩만 쓰는 이 사치 언제까지일까.

마주 보고 있음에도 오갈 수 없는 야생의 절벽에서
양육강식의 사랑맛 알았으니 떠나라 한다.
서로가 상처 덜 입는
지름길이란다.

산불에 다시 우는 참매미.
인연의 샘에서 필연의 구렁으로 가야 하는 숙명
바람으로 태어나 바람으로 사라지는
아침 이슬 다시 저녁
노을일 뿐이다.

매달리는 독촉장 최고장. 목관조차 없는 고려장.
기적이 있을까. 희망이 멀어지는 만큼
당신 젖무덤에 묻히고 싶어
울음의 날개만 펼친다.

낙관과 비관 그 커피 잔 속에
누워 있는 이정표, 늘 유서를 쓰듯
안간힘쓰는 내 사랑은
굴피의 미로.

* 굴피 : 빈 돈주머니.

독백 · 3

물질적으로 아무리 풍요해도 육체적 결합 없이는 결코 조화를 이룰 수 없대요. 사랑하는 횟수는 주 1~2회가 면역력이 최상이래요. 성실한 결합은 그 횟수가 많을수록 스트레스 해소 호르몬과 노화방지 호르몬이 증가한대요.

34개의 얼굴 근육으로 이루어지는 무언의 약속인 이심전심. 말하지 않아도 알게 되는 것이 키스라 하네요. 만성적인 질병도 해소된대요. 미운 이도 곱게, 힘든 일은 가볍게, 네가 나고 내가 너인 체감의 도수래요.

이 모두 당신 없이는 부질없는 사랑의 발견이어요. 왜냐면 아직도 나는 당신에겐 못 믿을 미운 사람. 나이 들어 아무것도 할 수 없어 詩만 쓰고 싶어 하는 사랑인 까닭인 거죠. 이젠 젖먹이 갓난아기 어디로 가야하나요.

독백 · 4

전혀 예기치 못했는데 왔어요. 詩작업하느라 정신을 놓치고 있었기에 몰랐네요. 30분 동안 방 문지방 앞에 서서 내 모습 지켜보고 있었다니 참으로 나는 둔한 사람이지요.

반가워 너무 반가워 내색은 안했지만, 그만 울어버린다면 한없이 울 것 같아 꾹 참았지요. 그저 내 곁에 있는 것만으로도 축복이지만 당신 손을 잡고 행복에 겨워하는 내 마음을 당신은 알고 있을 거예요.

백 번을 다시 생각해도 내겐 너무나도 과분한 당신! 헤아릴 수 없이 무수히 많은 별을 품고 있는 당신은 나만의 미리내여요. 언약의 사슬 걸머진 멍에로 온전히 순종하는 묵상의 시간 오로지 당신 생각만으로 내 안에 가득 차는 충만이어요.

당신의 지문

이제 막 세상에 눈뜨기 시작한
이 못난 사랑. 당신 가는 길목마다 거치적거릴
이 몹쓸 돌덩이 어디로 가야 하나
아무리 생각해도
방법이 없다.

떠남도 보냄도 모두 바늘자국만 남길 수밖에 없는
이 골 깊은 문신. 온 몸 상처뿐인
어리석은 몸뚱어리로
고백하나니, 나는
당신의 지문.

철학도 詩도 황금 앞엔 무릎 꿇어야 하는
기약조차 없는 희망의 치맛자락 깊숙이
얼굴 파묻고 있는
늙은 그리움

가설무대조차 세울 수 없는 무능력한 희망
사랑의 피에로 이빨 없는
나는 이방인.

이별의 강에 서서 물끄러미

다를 바 없다 냉가슴 앓는 벙어리
철없는 어린 소녀같이
천진스레 웃는 당신 모습에
저려 오는
울먹임

그리움이 눈물을 외로움이 가슴을 지며저며 당신 앞에 선 자존심 없어요. 모두 다 버렸어요. 바람으로 잠들고 바람으로 눈뜨는 운명이요 숙명인 이별의 강에 서서 당신의 체취 찾고 있어요. 그 향기 다 어디로 가고 홀아비 냄새만 온 방을 덩그러니 혼자 헤집고 다니는 이 적막한 방, 방 곳곳마다 숨어 있는 당신의 숨소리를 기억해 내요.

다를 바 없다 생가슴 치는 가슴앓이
못난 사람 만나 몸 고생 맘고생
물끄러미 마냥 바라만 보다
허드레로 널브러지는
내 허름한
서러움

기침 소리

호두과자 계란빵 속에서 아주머니 기침소리 들린다. 기침소리 따라 덩달아 쿨럭쿨럭 온 몸 흔들리는 자동차. 함께할 동지 찾는다는 현수막이 가맹점 문의 전화번호로 다시 또 흔들린다.

032-571-0000 바라만 보며 서성거릴 뿐, 커피 한 잔 얻어 마실 수 없었던, 결코 입성할 수 없는 사랑의 집 천사빌라.

밤 깊어지고 깊어질 때마다 해바라기하는 질경이. 엉덩이 짓무르도록, 생기 도는 설거지통 앞에 무릎 꿇고 앉아 전생의 업을 갚아가야 하는 것이다. 하루라도 맘 편하게 살게 해 주지 못하는 그런 나를 이리저리 훑어보며 갸우뚱거리는 사랑.

이 지독한 감기도 주사와 약이면, 이 악독한 요로결석 증도 언젠가 낳겠지만 사랑의 멍에 그 코뚜레에선 결코 벗어날 수 없다

이빨 빠진 입술만 매만지며 지금도 무너진 밤의 잔해를 뒤적인다. 뒤적이다 보면 산산조각 난 오월의 조각마다 당신의 얼굴로 떠올라 11월의 눈물이 부풀어 올라 터지고 있다, 비눗방울처럼.

싱싱한 갈증의 지문

2007년 7월 3일
도시가스와 수세식 변기가 있는 카페
난생 처음 내 사랑과 함께 가입한
부천 2층 셋방.

여기도 마찬가지
결코 오래 머물지 못할 기억

그다지 오래 되지 않은 그 기억을 펴 올리면
진실과 순수뿐인 낡은 호주머니 펼쳐보면
오늘도 텅 빈 지문

내겐 어울리지 않는 사치품
그 사랑에 뒹구는 몸뚱어리 언제까지 살아남을까
싱싱한 갈증이 팔딱팔딱
바다를 찾는다.

가뭄과 홍수의 계절
흐렸다 개였다 오락가락 종잡을 수 없는 일기 예보

우기와 건기 잘 받아들이라는
詩 쓰는 무능에 대한
질책이다.

흑백의 지뢰밭
그 철조망에 매달린 나는 못생긴 빈털터리 시쟁이.

일 년 후에 결혼할 약속을 했지만 아직은
한 지붕 아래 같이 살지 못해 왔다 갔다
사랑의 그물만 치는
사막은 온통
무덤이다.

무능의 벽화

우물 안 개구리, 나는
입고 있는 헌옷뿐이라 오늘도 무능의 벽화 그린다.
길고 긴 머리카락 잘리고 있다,
싹둑싹둑

다시 제자릴 찾았는가 했더니 결혼할 때 하더라도 지금은 예전처럼 제자리 지키고 싶다고 이상하게 얽힌 두 집 살림 끝내고 싶다고 무능력에 대못을 박는 사랑의 멍에.

내겐 모두 신비로운 새로운 삶이건만 열정이 지난 뒤 당신의 자리로 되돌리겠다면 나는 어떻게 살아갈 수 있나요. 내 꿈은 모두 당신에게 있으니 이젠 더 이상 칭얼대지 않을 거예요. 약속할게요.

안이든 바깥이든 무능력엔 사랑과 행복이 채찍이란다.
시몬이 사다 준 새 티셔츠 입고 우물 밖 나서면
다시 또 운다,
개굴개굴.

모른 척

내 맘 흐려졌다 밝아지는 건 모두 다 당신의 뜻
제발 불 좀 켜 주세요.

사랑에 빠지면 적어도 팔 개월은 미친다는데 만난 지 이제 겨우 한 달 남짓인데, 헤어지자는 말과 다름없는데 한 달이나 공백기를 갖자고 합니다.

사랑이 아니라도 몸이 떨어지면 마음도 멀어지는 법이라는데 벌써 회의의 칼자루를 들이대는 여인을 나는 아내라 부릅니다. 그 아내는 아이가 있어요. 아이를 셋 아니 나까지 넷이나 됐습니다.

날 만나는 건 당신 의지이면서도 말꼬릴 잡고 늘 내 가슴 할퀴고 가는 그리움. 처용의 그림자 지우지 못해 한 달 동안이나 만나지 말고 곰곰 생각해 보자는 못질하는 그 말 듣는 못난 그리움.

깜박깜박 등댓불 보이지 않아 서러운 이 행복
이젠 그 불을 밝힐 때여요.

바늘방석

당신을 만나는 행복이 제일이지만
그 행복만큼 헤어질 때의 슬픔도 커집니다.

청천벽력인데도 독한 소리가 아니고 저로선 새로이 찾아온 인생의 자유라며 3년 동안은 싱글을 잘 지키라네요. 다른 부탁은 없다고요. 결혼만 안 했을 뿐 찬찬히 쌓아 천상의 사닥다리 오름도 기쁘지 않겠느냐고요.

3년 동안 기다리는 고뇌로 대작도 탄생시킬 거라고요. 당신 말 한마디에 즐거워하고 슬퍼하는, 어디서 어떤 말이 나올까 가슴 졸이는 사랑의 변덕에 지쳐 가는 거울 속 내일을 봅니다.

앉으나 서나 언제나 가시 바늘방석
좌불안석인 이 행복을 지켜봅니다.

묵상의 시간

집에서 자고 갈 때면
당신이 차려 주는 따뜻한 밥과
국을 먹는

행복해서 슬픈
짐승

나는 빈털터리
몸도 마음도 가난해 거울 속 얼굴
참 뻔뻔해

알 수 없는 내 슬픈 미래를 흘린다,
덜 잠근 수도꼭지처럼
똑똑 똑똑.

벽화 속 시쟁이

사랑 올무에 걸린 시간은
결코 멈추지 않는다.

늘 행복마을은 그냥
지나치고 만다.

가을터미널 허리 휜 언덕에 앉아
온종일 생각에 잠길 때면
이따금 운다,

더듬이 없는 삶은 그렇다
다시 그렇다고 고개 끄덕이는

벽화 속
詩쟁이.

엄마처럼 아빠처럼

아무래도
물려야겠다며 입버릇처럼
다시 한 번 생각해 봐야겠다니
하긴 발끝부터 머리끝까지 무일푼인
빈털터리를 사랑하려니
오죽이나 할까요.

개구리는 밤이 짧다고 성화인데
벽제 곡릉천 가로등마저 옷 벗고
원앙의 족쇄 차고 싶은데
어떻게 하나요.

오밤중에 자다 깬
건넛집 어린 젖먹이 울음 그치게 될
그 어느 날엔가 나도 꽃이라고
꽃씨 심을 거라는 말 할 거여요,
가슴에 별이 싹틀 때
엄마처럼
아빠처럼.

제4부

유리성 유리탑

기억의 포물선 그리며

5부 능선에서도 길은 미끄러진다.
지름길은 없다.

추억들마저 길 잃고 하나같이 절룩거린다.
주머닛돈이 쌈짓돈이라 했는데
돈의 씨앗이 실종된 탓이란다.

변심과 작심이 허공을 맴돌다
기어코 내 뺨을 때린다.

불모의 자궁 언제 다시 또 꽃 필는지
일기예보는 계단을 오르내리며
늘 삐걱거린다.

일기예보가 갖고 있던 비밀
알고부터는 떨어져 내리는 겨울박꽃 눈망울
하얗게 젖고 있다.

동洞 하나. 길 하나를 사이에 두고

각자 제 뜻대로 가는 마음이다.

출발점이요 종점이 아니 곳 그 어디 있겠는가.
처음 찾아온 설렘처럼 그렇게
그리움도 놓고 가야지.

사랑이 첨벙거렸던 그 자리
물수제비 조약돌 하나 기억의 포물선을 그리며
아직도 날고 있다.

추억의 덫

내 빈 가슴에도
하나둘 그렇게 찾아와
봄부터 묵혀 온 온갖 상처의 지문 내려놓는다.
만져 보면 떨거덕 소리 내는
추억의 노란 덫이다.

지금이 바로 그 때라고
너도 이젠 자릴 비우라며 소리 없이
늙은 의자 하나 둘씩 비울 때마다
슬그머니 내 귀와 눈 할퀴어 놓곤
아파할 필요 없다며 약 올리며 떠나가는
가을을 본다.

채 익지도 않은 사랑 이따금 툭툭 떨어지더니
이젠 지천이다. 지명의 두레박으로 건어 내면
노란 바람 가슴 움츠리는
어느 새 싸늘한
겨울.

추억조차 불발탄

눈물이라는 상처는 흉터가 없어 축 늘어진 당신 가슴에 얼굴을 묻고 웁니다. 세월도 무릎 꿇고 메마른 젖꼭지를 물고 웁니다. 그 때 잘 익은 늙은 은행알 하나 내 머리를 툭 내리치면서 히죽거립니다.

배고파배고파 낮밤 없이 옹알이하다 한여름 쏟아지는 소나기에 젖어젖어 떨어지는 꽃잎 다달이 게워 내는 사랑의 마음. 어둠에 쌓여 있는 염전을 걷습니다.

날개 접지 않는 시간의 방랑 속에서 몽산포 조개잡이를 계속합니다. 다시 그 때 시들어가는 옛 사랑 하나 팔딱팔딱 죽음을 감행합니다.

방바닥에 엎드려 엑스레이 찍어 보면 뼈마디만 남은 추억조차 이제 문드러집니다. 그 횡단보도 양쪽 기둥으로 불발탄 즐비합니다. 잠시 멈춘 사랑의 길 옆구리 풍경입니다.

유리성 유리탑

꿈은 아니었어,
아마 사막이었을 거야!
상상만 해도 끔찍해 그 뜨거움에
낙타마저

상처의 비늘
하나둘 그리움더께로 높아간다.
가슴앓이앓이 유리성
유리탑이다.

이제 그만
닫아놓은 귀 씻을 거야!

약속의 무덤 약손가락에 매달려
파닥파닥 안간힘쓴다,
날갯짓.

온 몸에 달라붙는
저기 저 오아시스 모래 바람 싫어싫어.

백일 전 매달아 놓은
내 온 몸 쥐어짜던
풍경들

떨어진다. 기어코
뒹굴뒹굴
운다.

소문

시간의 태반을 자르고 먹어대는
겨울가위 두툼한 입술

됫박만 한 추억 하나
쏟았다 담았다 하루 종일
유행에 민감한 마네킹, 창 밖을 바라본다.
울긋불긋 티격태격
꿈을 본다.

상사화 가득 담긴
술병 부여안고 허전허전 속 비우는 들짐승

금세 알몸이 된 어깨 들썩인다.
달도 별도 모르게
짓밟히는
낙화

토라져 저만치 서 있는 은행
바람이 한 말 되새김질하다

떨어트린다,
하나둘.

아침 이슬은 죽음의 약속
저녁 노을은 언약의 죽음

울음의 바다

안간힘쓰던 하늘꽃마저
울긋불긋 떨어지는 입동
입동 지나 울음의 바다를
건넌다.

불륜마저 사랑이라고 꼬옥 껴안고 놓치지 않는
그녀의 어리석음 용서하고
뒤돌아서는 고뇌.

차마 못 잊어 저녁 노을조차
애끓어 물들인다.

다시 달빛,
징검다리 더듬어 십자가 지고 가는 진실
진실에 눈물겨워 하늘 나라 이고 있던 내 어머니
보릿고개 물동이 기어코
엎질러진다.

독 안의 쥐

그 날 두 손 모아 싹싹 파리처럼 빌어도 어둠만이 컹컹대고 있을 뿐 아무 소용없었다. 살이든 뼈든 다 드러내 보인 별리의 어깨 안쓰러워 토닥토닥 다독거리는 건 그래도 희망이다.

바람의 옷을 걸친 비밀 하나 파르르 떤다, 기어코. 넋나가 주저앉은 울음만 끌고 가는 사랑은 안개, 퍼즐이다. 미로다.

시간이 뒤엉킨다. 아픔 슬픔 그런 것들에도 꽃은 핀다. 사팔뜨기인 채로 게걸음치는 구멍 들어갈까 말까 무수히 많은 말들. 일제히 손가락 내밀고 머리채 끌어당길까 겁난다. 하얀 거품이 구멍을 닫고 연다.

짝짓기 하던 냉장고 속 간고등어도 차례로 뛰쳐나와 프라이팬 위에 드러누워 깔깔거린다. 웃음소리에 맞춰 삐꾹 삐꾹 수신거부 벨 울린다. 다시 독 안에 갇힌 쥐로 변한다.

연어

깜박깜박 등대지기
졸린 눈

설거지하다 뒤돌아보는
자꾸만 타들어가는
여윈 밤.

겨울을 타고 거슬러 올라가면
스무 살 우리 누나
만나려나

목련꽃 피는 밤도
목련꽃 지는 밤도

소쩍소쩍
뻐국뻐국
술꽃만 담배꽃만 흐드러져
허드레로 뒹군다.

기억횟집

차단기 내려진
철도 건널목 너머 폐차장이다.

인약으로 가는 기차는
아직도 겨울이다.

늘 삐걱거리는 정지 깃발 너머
도축장이다.

콩콩톡톡 제멋대로 굴러다니는
소문만복래

춘향이와 몽룡이는 연리지라고
몰래몰래 아니아니 아예 드러내놓고

친친 감아 올라가는
이별 나팔꽃

그 옆집은 기억횟집
낙지가 제 격이다.

낙엽 한 잎도 사랑

첫눈
펑펑 쏟아지는 저녁
난생 처음 AB형사랑과 함께
웃었다네,

시리디시리게 한 길로만 걸어온
아주 오래 묵은
늙은 순정.

청명한 한옥마을
그 하늘 한 모퉁이에
오늘도 쏟아지는
비

옥신각신하다
그렇게 오랜만에 만난 다음 날
다시 천둥천둥
울었다네,

시간의 절벽으로 올라가는
여리디여린
늙은 겨울.

아귀찜 낙지 생각나는
참이슬에 벌써
땅거미지고

어둠옷 벗기고 가만가만 속삭이다
그저 마음만 포개는
낙엽 한 잎도
사랑이다.

달달달 무슨 달

아침 이슬
저렇게 영롱하게
가는데

입 가장자리는 허연 곱, 입술은 거스러미 돋은 늙은이 가는 곳마다 그림자 없는 안개가 요란하게 바퀴를 굴린다. 그 바퀴 소리에 놀랄 때면 방바닥마다 흥건하게 고이는 초경, 그것은 내 사랑의 증표요 징표.

거짓이 진실이고, 진실이 거짓이 된 울음덩어리 각혈하듯 쏟아 낸다. 컥컥, 그 소리 팅팅 불어 메아리로 연어를 찾아 헤맨다.

저녁 노을
저렇게 황홀하게
가는데

사랑채집

칠삭둥이 팔삭둥이
결혼식 예복 상갓집 상복조차 자궁에서 나온다.
이 징그러운 배꼽맞춤
이 징그러운 흉터 자국 이 모두
사랑의 결실

월식이나 일식일 때 심어 키운 저 만월의 밀월.
새싹은 새싹대로 고목은 고목대로
지금도 어디선가 두둥실
한창일 것이다.

드레스 입은 신부나
수의 입은 신랑이나
손금에 새겨진 지문의 길
꿈마저 해돋이 이슬이거나 해넘이
노을일 뿐이다.

다시 또 풍경
풍경 소리.

말뚝에 매어 있는 추억

사랑과 이별의 12월 장터다. 기다림과 그리움, 상처와 추억이 말뚝에 매어 있다. 지난 5월부터 시작된 뒤 여태 티격태격 북적거리는 홍정이다.

어디로 팔려나갈지 모르는 마음들이다. 슬픔회환기쁨 눈물이별절망해후 같은 것들이 앉아 있거나 서 있거나 등 돌리고 있거나 마주보고 있거나 먼 산 바라보고 있거나 그렇게 제각기 그림을 그리고 있다.

저기 꽃들이새들이나무들이바람들이 지켜보고 있다. 저기 저 무능이라는 의자 하나. 누굴 그렇게 기다리고 있는지, 세상에서 가장 아름다운 여행 쓰레기 폐기물로도 떠나지 못해 토담집에서 들려오는 변심의 노래를 아직도 듣고 있다.

송곳처럼 파고드는 2008년 달력들이다. 찜질파스처럼 진득하게 붙어 있던 저 삶을 떼 내고 덧대면 방금 마름질 끝낸 네모반듯한 세월의 창호가 그래, 다시 또 열리고 닫힐 것이다.

사랑이 KTX열차처럼

예전처럼 변함없이
서서 난간을 잡고 밖을 볼 수 있을까.

어제였나, 그제였나
뛰어내릴 수도 있을까 싶어 손잡이를 잡고 미는데 열리지 않는다. 자동잠금장치다. 참으로 세월이 변하긴 변했나 보다.

사랑이 KTX열차처럼 그렇게 왔다가 눈물을 부려놓곤 재빠르게 다시 가 버린 추억조차 그저 그렇게 오가는 흔한 고독의 짐이라 생각하자.

그리움과 기다림을 사랑과 배신을
아무렇게나 맘껏 여닫을 수 있는
순한 달력의 문이 되자.

빈 손의 뿌리

그리움을
보듬고 다독거리는 행복 넘쳐 흘러
고향집 그 집 앞 샘이 흘러
기름진 땅
옥토

당신으로 하여 내가 살아 있다는
느낌 새삼스러워 혼자 있어도 혼자가 아닌
서러움 가득해 멈춰 있는
약속 시간.

왜 그리도 힘없이 서글퍼지는지
빙어처럼 허기졌던 하루를 끌어안고
집으로 가는 길

잠시 왔다 가는 무지개라고
없으면 없는 대로 살자 다짐해도 자꾸만 돋아나는
내 빈 손 가득 차는
그리움.

시간의 모래밭

당신이 남긴 흔적
그 머리카락 한올한올 타고 올라가는
저 담쟁이를
아시나요.

시간의 모래밭 위에
겨자씨만 한 믿음일지라도
내 詩의 발자국 찍어
나릅니다.

저 담장 너머 숨어
숨어 헐떡이다 돌아서는 사랑을 위해
그 주홍글씨 왜 새겨졌는지
되돌아봅니다.

밤의 뒤척임

그래 그래
누구나 오가야 할 천당보다 지옥보다
더 높고 깊은 정에 얽힌
이 숙명의 길

못 잊어 못 잊어
죽음 앞에 엎드리는 진실이야 내 사랑이었지만
변심은 당신 뜻이었던 것을
어쩌랴 어쩌랴

구멍에서 나와
구멍으로 다시 들어가는 하루살이 가면극
잊지 못해 잠 못 드는 별리의 어둠에
야위디야윈 밤의 뒤척임.

혼자 울음 삭히는 2007년
저무는 날
눈물.

아직도 먼 항구

비는 어디로 내리는가.

날 사랑한다 해도
당신이 그리움의 바람으로 훅 불면
언제라도 금세 스러지고 말
나는나는나는
뜬구름

닻 내리지 못하는
그저 기다리고만 있는 나는나는나는 돛단배
그리움 그 살냄새만 가득 찬 당신은
내겐 아직도 까마득한
멀고도 먼
항구

비는 어디서 멈추는가.

제5부

동행의 끝

봄조차 어둠

해마다 눈 올 때면 저 나무는 허리띠 구멍 늘어 가는데 그는 매년 옥죄여 오는 허리띠에 질식한다.

1.8리터 페트병 속에 잠든 참이슬 더듬는다. 촉촉하다. 이슬이 출렁출렁 길을 간다.

고향엔 고향이 없고 타향만 오도카니 서 있다. 그 앞에서 흔들어 보이는 잘 발효된 이혼청구서는 돌아선 여인 웃음의 비린내다.

지명이 불혹의 치마폭 달콤한 옹달샘 맛본 후, 몸서리쳤던 한 무더기 추억을 베어 내고 침묵으로 다시 드러눕는다.

그에겐 봄조차 어둠이건만 아직도 지친 기색 없이 잃어버린 새벽을 찾는 몽유의 긴 시간여행을 떠나고 있다.

말뚝에 말뚝을 묶는

구름 두둥실 30만 원짜리 하얗고 푸른 커튼을 친다. 30일마다 폐기처분되는 사치스런 사글셋방. 입덧에는 약이 없다. 그저 먹고 싶은 대로 먹을 수만 있다면 그게 무엇이든 명약이다.

절간 입구 일주문에 기다랗게 줄지어 선 루주, 매니큐어 들이 모두 공양이요. 보시다. 티켓 다방 커피 잔 아랫도리가 출렁출렁, 마이크가 사라지면 오토바이를 탄다. 조오타조기타 다시 말의 안장을 찾는다.

입덧에 오를 때마다 먹은 걸 게워 내려고 구역질을 한다. 시간의 덫에 묶여 되새김질하는 상처. 사랑과 이별 그 독백의 파편에는 소화전이 없다. 모든 구멍은 늪이요 벽이다, 말뚝에 말뚝을 묶는 나는.

기억의 힘

연리지와 아이러브라는 나루터가 있었다.

돈돈 벌면 63빌딩 꼭대기에서 입버릇처럼 맘껏 뿌려보고 그렇게 나도 새처럼 날아갈 거라 했다. 그랬건만 아직도 불륜의 연극인 연리지는 계속되고 있다.

연속극이 끝나길 기다리다 지쳐, 붙어 떨어질 줄 모르는 당신의 거울 앞에 서면, 이젠 내 얼굴이 아니다.

날 만나지 말라고 당신을 꼬드기는 또 다른 얼굴이 내게 손가락질하며 당신에게 돌아갈 여인이 아니니 미워하며 욕하지 말고 물러나라고 한다.

그래, 이렇게까지 오지 말았어야 할 길, 그 길 위에 서서 빛나는 저 아이러브 사금파리는 징하디징하게 묻어나는 내 눈물의 지문이다.

누군 십 원이라도 벌면서 생활하고 싶지 않으련만, 어제도 그제도 알고는 있었지만 아무도 모르는 기억의 힘이라고 절뚝절뚝 목발을 짚고 다닌다.

연리지와 아이러브라는 나루터에 가득 담긴 다디단 불륜의 소금을 떠올리며 운다, '선의 나침반' 을 읽는다.

* 선의 나침반 : 숭산 선사의 가르침을 현각 스님이 엮은 책.

질병

길 떠난 달팽이. 저 입술로 우물우물 걸어온 시간들이 운다. 아직도 집 떠나지 못하는 질기디질긴 슬픔의 무게에 짓눌린다.

부천으로 이사 와선, 벽제에서 듣던 귀뚜리소쩍이뻐꾸기 울음소리 듣지 못한다.

액자 속에 갇힌 기억을 열고, 들을 때마다 삼 개월 만에 죽어버린 저 오월의 화분 속 은행벌레들만 돈돈 돈돈 돈돈주돈 모르스 부호로 우글거린다.

무엇이 옳고 그른지 당신 생각만 하면 가슴이 저리고 아프다. 눈물도 드러누워 앙상앙상 이젠 뼈마디만 남은, 뜸베질하다 지친 나는 늙은 황소.

나침반 없는 메아리 항해를 한다. 낡은 췌장은 인슐린 생산에도 허덕거리는데 오늘 저 까치는 뭔 말을 쪼아댈까.

오고 가는 카페마다 흠뻑 취해 꿈꾸더니 다시 네팔을 동경해 우러러 보는 당신. 오밤중에도 네팔이의 전화 받고 속삭이는 당신.

주워도 쓸어도 어디선가 스멀스멀 기어 나오는 머리카락도 그래 길기도 긴 꽃병의 통증이다.

뭉텅뭉텅 잘려나간 저 김치포기조차 아무렴 사랑이 남기고 간 마지막 흔적 천연두의 흔적이다. 망부석으로 일어서다 다시 얼어붙는 비명이다.

눈물의 막장에 다다르면

낭떠러지에서 시작하는 하루살이가 건너야 할 길이다. 위험표지판 아래 지뢰밭이다. 그래 눈물의 막장에 다다르면 송충이는 솔잎을, 시인은 詩를 먹어야지.

검버섯 덕지덕지 매달리니 고목의 그리움을 거부하는 공중전화 부스 또한 시한폭탄이다. 현금인출기 비밀번호 잃어버린 지 이미 오래인 입력오류다.

이랴이랴. 모세모세. 훙, 배가 고파 봐, 詩가 밥 먹여 주냐고 내 詩의 미끼인 연리지와 아이러브 그 욕정의 속삭임을 듣는다.

나일 먹지 않는 저 쌀, 저 쌀밥. 하얀 생명들 오늘도 뭔 말을 헤아릴까 귀 기울이는 나는 불가촉천민.

비 오는 날 상처 한 다발 가득 창문에 매달고 주절주절 사랑이 흘러내린다. 그래 기억의 막장에 다다르면 먹어야지, 시인은 詩를.

주름 다시 접을 때

생에 몇 번인가 매었던 넥타이를 다시 매고 죽음의 호흡을 길게길게 한 번 내쉬고 목구멍 편안하게 쉬게 만들 곳 그 어딘가. 말끔하게 면도한 쌀벌레의 검은 얼굴을 남기고 싶다. 아귀아귀 허기진 사랑을 설거지하고 어둠을 베어 사골로 푹 고와 내고 싶다.

맨발인 내 영혼에 깊숙이 칼집을 내어 어머니 목숨처럼 훌쩍훌쩍 흘리고 싶다. 그리하여 저 독재자인 생명 앞에 참새처럼 입방아 찧어 여름 땡볕을 씻어 낸 가을 하늘로 다시 초롱초롱 지저귀고 싶다.

손수건 가득 담긴 눈물의 섬 그 곳에 가고 싶다. 등 부른 낙타처럼 앙상한 사막 그 곳에 가고 싶다. 실종된 울음을 싣고 사이렌 울리는 구급차처럼 화장터 화구 속 물기 없는 벌레가 되고 싶다.

화장터 그 곳이야말로 너 마지막으로 값싸게 세를 들 수 있는 주름살 가득한 살가죽의 안식처인 것을. 그래 이제 겨우 알게 된 순간 무덤을 열고, 벽암록 · 종용록 · 전등록 그 찬란한 불가佛歌의 관을 내린다.

무능의 벼랑에서

눈물에 찍어 먹는 천 원짜리 김밥
모래성 창문에
매달려 있다.

불모불모 발성 연습 끝낸
매미 한 마리.

노폐물로 가득 뭉쳐진
가래톳 쓴 희망을 베고 자리에
눕는다.

아직은 아직은
공짜 먹는 지공파 지공거사는
아니다.

멀지 않은 포도청 앞으로 다가갈 때면
화장실이 꽉 닫힌 약국처럼
재활용인 말을
줄일 것이다.

아모레 아모르 엇끼어진
저 꿈의 단추만 본다.

나는 폭발한 압력솥에서 나온 폐기물.
가로등 불빛 받아 더 외로운
저기 저 자작나무는
간이역이다.

*지공파, 지공거사: 지하철을 무료로 타는 늙은이를 일컫는 속어.

중독

사랑을 버린 당신 잊으려
이별을 들고 눈물바다 건너는
고인돌

재빠르게 달아나는 기억의 바퀴 볼륨을 더 높인다.

아픈 몸 하나 거두지 못하는 아무 비전 없는 내게 당신의 남은 인생을 맡기지 않겠다며 조삼모사 불륜의 열쇠로 자물쇠를 거는 거미.

맺지 못한 인연에
비틀비틀 실연의 그리움을 마시는
고인돌

토사구팽

노을 머물다 간 강에 다다르면 거미가 띄워 놓은 하얀 우산 속에 갇혀 퍼드덕거리는 달새 한 마리

날갯짓할수록 부서지는 얼굴. 저 입은 어디다 걸어놓을까. 말을 꿰맬 수 있을까. 진실이 입을 열까. 비울수록 넘치는 이 마음의 우물 어떻게 묻을 수 있을까.

숙주숙주숙주. 네팔과 인도를 팔아 생계를 잇는 거룩한 詩人들과 신체 부자유를 들먹이는 나루터의 연리지는 불륜의 기생식물이다.

그 숙주를 키울 뿐인 당신을 그래도 못 잊어 고독의 고향 문을 열지만 쏟아져 나오는 건 그리움과 기다림이다 .

깜짝 놀라 한걸음 물러서면 이미 새카맣게 녹슨 추억으로 변해 메아리로 다가오지만 한번 버려진 그리움은 제자리를 찾지 못해 추억마다 억헉억헉 오르가슴 소리만 더 높이고 있을 뿐.

꼭두각시

마주 봐야만 열린다고, 결코 떨어질 수 없다고 지켜보라고 뒹구는 연리지와 아이러브 축제다. 그칠 날, 마른 날 없어 성탄전야제 이어, 올 마지막 해넘이로 함께 불륜불륜 날아가는 비행접시.

연리지가 되지 못한 빈 검은 비닐 봉지가 냄비를 들여다본다. 온통 주름투성인 라면 한 마리 기어코 펄펄 끓는 바다 속으로 들어간다.

얼기설기 얽힌 노란 다리들마다 허물허물 풀릴 때면 다시 어둠이 햇살을 밀어내고 제자리에 드러눕는다. 그럴 때마다 낡은 냉장고가 투덜투덜 온 몸을 뒤챈다.

연극의 주 무대인 연리지 축제가 무자년으로 넘어갈 때야 뒤돌아선다. 콩 심은 데 콩 나고, 팥 심은 데 팥 난다던 폐교된 교정의 문을 열면 저만큼 쓸쓸한 바람이 허리춤을 올린다. 그렇게 엉거주춤 바라만 보는, 나는 꼭두각시.

동행의 끝

며칠 있으면 만날 거라고 해결될 거라고 며칠 후면 멈춰 버릴 타들어가는 마음의 손목시계를 본다.

옥탑방도 비싸단다. 창문이 어둠으로 된 지하방이 그래도 견딜 만하단다.

꽉 닫혀 열리지 않는 늙은 서랍 속에 든 야행성 詩 한 마리가 중얼거린다. 이젠 그 길밖에 없단다.

그 곳에 뼈를 묻자고 유언 같은 詩 한 마리를 새벽 4시에 낳는다. 해피엔딩이다.

동행의 끝. 아름다운 편린 첫사랑 필름이 다 돌아가면 늘 코 골던 관객은 금세 우르르 몰려와 다시 또 시작한다, 재채기를.

빈 방의 변명

아득한 길, 보헤미안 집시의 길을 위해 걸망에 발심을 넣고 공양을 나선다. 자살마을에 다다르면 거미가 수놓은 하늘이 걸려 있다. 달의 안부 물으면 공양 마친 별들이 손짓한다.

사랑의 행방도 오리무중이다. 보증인 없는 품질보증서는 아무짝에도 쓸 수 없어 발기는 회복불능이다. 핸드폰 불이 난다.〈모두 버리고 일어서 어서 일어나란 말이다.〉

빚보증으로 기억이 사라진 성혼선언문은 자꾸만 네네 예예 메아리로만 들려온다. 무능에 대한 집착의 울림이다. 빗방울 떨어지는 소리가 내 귀를 창 밖으로 툭 투둑 끌어당긴다.

이런이런 아직도 떠난 당신 젖꼭지 물고 떨어질 줄 모르는 비렁뱅이 늙은 순정. 가난을 숙명처럼 즐기며 살아온 보헤미안의 늙은 고백은 이젠 얼른 접어야지.

유산

내 몸에도 이런 것 있었냐며
나도 몰랐다며 오르가슴에 떠돌던 당신
기억 한 다발

배란이 끝난 줄도 모른 채
착상만을 꿈꾸던 내 울음마저 영양실조
시름시름 앓고 있다.

늘 지고 다니던
당신 사랑의 밥상 내려놓고
정녕 끝낼 수 없는 목련의 하얀 상처 앞에
엎드려 눈물
긷는다.

함께 세울 수 없는 비석
함께 새길 수 없는 비문

내 몸에도 이런 것 있었냐며
나도 몰랐다며 오르가슴에 떠돌던 당신
기억 한 다발

피카소의 제물

우연일까 필연일까
선녀인지 악녀인지 두드려도 대답 없는
과거와 미래가 뒤범벅된
크리스마스

꼬마전구가 봄인 양
가지마다 노란 싹을 틔우고 있는
슬픈 날 한없이 허기지는 날
딱딱하게 굳어버린
추억의 빵
씹었지.

56년 만에 찾아온
언약의 반지가 차려다 준 밥과
국 받아먹는 인연에 취해 비틀비틀
뒤따라오는 어둠을 까마득히
잊고 있었지.

헤헤거리며 밥 먹던 그 자리가

별리로 가는 야누스의 터미널인 줄
진정 몰랐지.

여태까지 한 말은
앞으로도 좀 더 남은 말은
서랍 속에서 든 버리지 못했던 내 커플링
약속반지가 중얼거렸던 넋두리
자조에 지나지 않는다는 걸
알고 있지.

하늘의 영광 땅의 평화

사랑은 움직인다던 여인의 말이
폭포처럼 떨어져 칼날로 날아오릅니다.
하늘에서는 주님께 영광

달님도 어쩌지 못해 머물지 못하는
차디찬 가난을 숙명처럼 즐기며 살아온 돈키호테를
아기라며 그들만의 카페에서 놀려대며
방아찧기를 했지.

그래도 이 생명 다하는 그 날이 올 때까지
산에 들에 강에 피는 그리움 기다림 한 아름 꺾어 들고
당신이 남겨 준 사랑과 내가 보낸 이별
사약인 듯 받아 마실 거야,
기꺼이기꺼이.

돈 없이 가장이 될 수 없다는
당신 입술 칼날 되어 다시 날아와
내 가슴 찌를지라도 썩둑썩둑 벨지라도
땅에서는 마음이 착한 이에겐 평화

비 오듯 눈 오듯 쏟아지는
순결로 바칠 겁니다,
마음꽃 한 아름.

백일몽

지금 보이는 건
사랑이라기보다 느낌이라고 하자.
그래야 아련함이라도 남는 거야.
그건 태양으로, 별로, 달로 오기도 하고
그러니까 잡을 수는
없다는 거야.

철없던 지난날
그 때 그 그리움의 손짓이라고 하자.
그래야 추억 속에서 살아가기도 하는 거야.
그건 쉬이 부서지기도 하고 멀어지기도 하고
그러니까 생각으로만 그리다
멈추는 거야.

때론 안개로,
산으로, 강으로, 바다로 오기도 하지만
누가 그랬든가 외로움마저 그리움마저
백일몽이라고.

멀미

계절을 모르는 저 초침은 그저 허기에 매달려 때론 술병 속으로 들어가기도 한다. 하루를 불러들인 술이 족발을 뜯고 족발이 다시 술을 부른다. 그럴 때마다 하늘이 내려와 뒤척이고 있는 어둠의 시간을 이따금 무릎 위에 앉혀 토닥여 준다.

말없는 눈의 하얀 손짓을 보는 건 먼지로 되돌아갈 재가 되기 위해 살아 있음이다. 그가 심은 나뭇가지 부러지는 소리도 듣는다. 기억을 씹으며 허름하게 쌓인 사랑의 길을 드문드문 밟을 때 기억은 달콤한 맛과 짠 맛을 우려낸다.

저 하늘이 그리고 있는 헛된 메시지를 볼 때마다, 바람이 등불을 켜고 그의 머릿속을 헤집고 다닌다. 그래 그는 떠돌며 살았으며 늘 혼자인 것도 안다. 세상의 모든 문은 그녀의 손에 있음도 배우지만 밤이면 그는 늘 멀미를 한다.

어둠의 소리

마침표 이음표 따옴표 쉼표 묶음표 드러냄표 안드러냄표 온갖 문장 부호들. 꿈 속인지 꿈 밖인지 어둠이 옷 벗는 기척에 새벽이 귀 기울인다.

누구나 갖고 있는 몽고반점 닮은 온갖 공갈빵 집착에 눈병에 낫지 않는 비염에 오르막도 내리막도 알지 못하는 미련이다. 그 미련에, 버리라는 무소유의 아름다움을 아직 찾지 못하고 있다.

몸과 마음, 가난한 삶까지 용서 하나로 송두리째 잃어버린, 살 만큼 산 허수아비. 고개 숙인 무능과 빈곤의 허허벌판에서 아직도 봄의 입술을 기다린다.

남이 된 당신에게, 어둡게 칙칙하게 굴러다니던 담배와 커피로 아직도 할 말이 남아 눈물의 잔을 든다. 한 잔은 당신에게 한 잔은 바다에게 주고 뼈마디 으스러지는 어둠의 소리 듣는다.

용서

믿음도 믿음일 때 믿음, 믿음마저 진득한 밤꽃의 언어로 유려히 휘어 감는 나루터 연리지의 함정을 모를 거야, 아니면 알고도 달콤한 정사를 못 잊어 매달리고 있는 거야 당신은.

모질디모진 것이 사랑이더냐 정이더냐 당신 이름 부를 때마다, 몸은 물론 마음까지 다 내준 친구 하나 품고 있으니 걱정 말라는 듯 당신은 그저 빙그레 웃기만 한다.

말뿐인 언어의 잔칫상 받아들고 진실이라고, 당신은 사랑이라는 가면을 쓴 그 제비의 정사를 아직도 즐긴다고 그저 고개만 끄덕인다.

내 코와 입, 눈언저리에 묻어 있는 티를 훔쳐 주던 당신만이 진실이라고 믿었던 그 믿음을 어쩔 수 없이 떠나보내고도 잊지 못해 진주를 품고 있는 고통을, 진실을 알까. 아프지 않고 잘 지내고 있을까. 용서의 소식을 전한다.

제6부 회상

사랑이 지나가고

시계가 지천이다.
지하 월세 방에 2개, 부엌에 1개, 손목에 1개,
핸드폰 속에 또 하나
자꾸만 속삭인다

한땐 홀린 듯, 꿈인 듯
나 총 맞았다 소리치다 쓰러졌지만
이젠 구멍도 아물고 흔적만 지문으로 남아
그 날을 추모할 뿐이란다.

이젠 낡고 해진 그물이건만
아직도 살아 왼편으로만 끄덕거리는
괘종시계 불알 오른쪽에 매달린다.
안간힘 쓰고 있다.

아침에 그물을 던져 놓고 저녁에 건져 보면
아직도 달과 해의 파편만
즐비하다.

넋 놓고 보는데
귓가에서 매미 소리 들린다. 이명이다.
내 몸은 밤에 피었다가 아침이면
사라지는 허황된
꿈이란다.

기억의 메아리

사랑이라는 말은 어디서 생겨났을까.
홍역이라는 말은 어디서 시작됐을까.

술이란 놈
아무리 몸부림쳐도
기억만 봇물처럼 쏟아낼 뿐이다. 담배란 놈
아무리 잡아먹어도 허연 웃음만
드러낼 뿐이다.

사랑한 날보다
사랑을 지울 날이 더 많다는 것.
그것보다 더 괴로운 건 잊지 못한다는 것.
발자국마다 허공을 향해 머리를 두고
흔들거린다.

기억의 메아리로 만들어진 층계마다
기억을 밟고 오가는 풍경마다
순결의 상처다.

꽃잎의 그림자

집을 나서 언덕 넘어가면
서울 시립 장제장 벽제화장터
온갖 사랑이 오고 가는 근조謹弔의 깃발이
오늘은 빗소리에
파묻힙니다.

그처럼 부나방처럼
나도 당신 가슴불빛 향해
두 날개마저 잃기 위해 온 몸
던집니다.

늘 그렇게 붉은 하루를 굴리다
저 산 넘어가는 노을 아이와 손 흔들며 헤어지곤
그래도 제 집이 봄이라고 찾아가는
타박타박 애늙은이

가로등 불빛에 불어터진
희미한 꽃잎의 그림자도 그리움이라고
그 날, 밤새도록 끌어안고
쿨룩쿨룩 뒤척입니다.

내 혼을 놓고

바람의 개울 건너
그 곳에 자리한 그리움 마을이 있어

비 오는 날이면
내 혼을 놓고
철벅철벅

당신에게로 가는
바람의 길에 뚝뚝 떨어지는

아직도 버리지 못한 찬란한 꿈 조각들
쌓여만 갑니다,
차곡차곡.

오늘 지금 이 자리가
어제 같은 코뚜레일지언정 내 삶 다하는 날까지

그 날까지 결코 후회하지 않으리.
뒤돌아보면 석고상 되리니
그 멍에 즐기리.

벽화 속 소나기

내 가슴에
못 박던 당신 떠나보낸 뒤
육 개월 동안 쏟아 낸
술잔에 쏟아 낸
상처

밤의 주막에서
고삐를 매고 가만히 들여다보면
역마살 발자국마다
고여 있는
연정

내 가슴에 그려 놓고 간
당신의 여름 수채화 더듬어 보면
다시 찾아오는
멀미

사랑의 고향
벽제화장터 뒷동산 벽화 속
시리디시린
소나기.

추억의 무릎 사이로

어느 날 기침을 하고 나니
눈앞에서 하루살이 번쩍번쩍
지천으로 납니다.

시계가 움직이지 않는 날은 기억 속의 울음이 소리치는 날, 바람이 기억하는 그리움 불러오면 기쁨도 슬픔도 모두 빗소리 되어 흐른다.

잠시 턱 괴고 한숨 고르던 저녁 노을 다시 어둠 속으로 곤두박질친다. 교통카드 만원의 길 따라가는데도 금세 막다른 골목이다. 그럴 때면 진실의 등뼈는 언제나 허리를 굽히고 만다.

더듬더듬 징검다리 건너는 저 숲 너머 기억의 간이역에 우두커니 앉아 오고간 사랑을 살펴보는 손바닥은 밤의 플랫폼이다.

한 바가지 깊숙이 들이마신 바람향기 뱉어 낼 때면 갈증이 허리 펴고, 흠뻑 젖어 뚝뚝 떨어지는 눈물골목 되돌아 나온다. 다시 길을 찾는다.

고혈압에 당뇨에 왔다 갔다
우울증 걸린 詩, 그 추억의 무릎 사이로
지난날의 밤이 익을 때면 꿈꿉니다.
당신이 웃습니다.

눈부신 울음

부천 가는 606번 버스 발견하고
인사동에서 달려가자
벌써 저만큼이다.

이별 마시던 하루의 입술을
살그머니 다가가 꼬옥 끌어안더니
그만 떨어지고 마는 당신과
내 바람꽃

해 저물어 저녁 노을
다시 아침 이슬 문드러지는데
새벽은 왜 찾아오는가.

아직도 미련인가
해는 벌써 중천을 넘어섰는데
잘려나간 약손가락 반지 눈부신 울음이라
송충이 애벌레 저 지렁이도
오체투지다.

추억도 추억일 때 추억인데
추억조차 뒤엉켜 비릿한 그 냄새.

술 깨고 보니 허허공공
원효의 해골바가지
무루無漏바가지.

* 무루無漏 : 번뇌를 떠난 경지. 혹은 번뇌를 떠나는 일.

회억

그리움이 있다는 거
그래서 사랑을 기다릴 수 있다는 거
알고 있어야겠지.

망울망울 검은 꽃망울 잔뜩 머금을 수 있는 해바라기
아리디아린 가슴앓이 하나쯤 심어놓고
한숨짓는 법에도
익숙해야겠지.

몽산포 바다 그 때 그 빗소리 장작 타는 소리라는데
내 가슴엔 희나리로 젖어 있는데
한 방울 두 방울 방울방울 방울들이
비늘 되어 날카로운
뿔이 되어

손짓하는 가슴앓이 뒤돌아서면
희망의 촛불마저 눈물의 서랍 속에 잠긴다.
푹 잠겨든다.

다시 개구리밥

사랑은 희생이라고 내 마음 비움이라고
부평초로 다시 떠도는

밥이 아니라
눈물이다.

옷장 서랍을 열면 진하게 밀려오는 향기. 담배냄새 홀아비냄새 없애려 넣어둔 아르마유는 당신의 향기다. 아직도 곳곳에 남아 있는 흔적 뒤적이면 촉촉하게 배어드는 첫사랑 추억의 체취다. 당뇨에 좋다는 옥수수수염 질경이 쌀겨가루다.

그리움 그릇에 가득 찬 건
기다림이 아니라 추억의 술이라고
걸쭉한 긍정과 절망을 마시는

뱃놀이가 아니라
상처다.

눈 먼 인연

울음을 참기위해 네 이름 부르면
별처럼 총총 눈 뜨는
내 가슴 속
사랑아.

세안화장품으로
아침을 고치던 당신 생각나
마음 배고플 때마다 그리움을 짓는

詩밖에 없는 무능한 길
그 발자국마다 서성이는
기다림을 본다.

나는 화분
당신은 내 몸에 핀 꽃이건만
이제 차마 부를 수도 없는
눈 먼 인연의 상처만 흥건한
사랑아.

헛디딘 시간의 환승역에서
제자리걸음하는 질기디질긴 어둠의
탯술 씹는 나는

육순을 넘기고도
여자 브래지어 사이즈 명칭도 몰랐던 나는
비 내리는 간이역에 핀
코스모스.

맨발로 걷는 달팽이

방문을 나서면 비린내는 이내 사라지지만, 몸에 밴 홀아비 담배 냄새와 낡은 주머니 속 진실과 순수의 향기는 아직도 여전하다.

마음을 봤다면 믿음까지 봐야 할 것을 돈 없는 사랑이 늙으면 가정도 없다고 등 돌린 그녀의 불륜의 포탄이 떨어진 뒤, 그는 단지 인공호흡의 꼬리표만 달고 있을 뿐이다.

등대도 방파제도 죽고 펄펄 생선도 배도 없는, 사랑을 낚고 부려놓던 썰렁한 항구를, 집 잃고 길 잃은 달팽이 한 마리 맨발로 걷고 있다.

2008. 1. 1.

용서해 용서해
엄마 따라 장에 가려다
흠씬 두들겨 맞고도 안 그럴게 하고도
두 다리 징징거렸던 나는
철부지였어.

밤의 장막 하얗게 지핀
아름다운 동행의 편린일지라도
피 끓었던 사랑도 애간장 태웠던 이별도
세월을 삼켜 버린 과거 그뿐인 것을.
늘 같은 시간이건만 뒤돌아보면 까마득히 멀어진 세월
오지 않는 잠을 위해 베개 밑은 숨은
어제를 끄집어내 함께
속삭인다.

미안해미안해
오라고 돌아오라고
한때 미쳐 날뛰었던 섬을 찾아다니는
등대 없이 떠돌았던 나는
항구였어.

그리움에 목숨 걸고

환멸과 환청이
손톱발톱 머리카락으로 자라나는
자꾸만 숨고 싶은
초라한 후회.

시작이 있으면 끝도 있기 마련인데
다시 또 그리움에 목숨 걸고
젖 먹던 힘 다해 매달리다
나뒹굴어지는 건
낙엽

정마저 끊어지면 그런 거라고
환하게 웃고 있는 문 밖
달달달 무슨 달
손 내민다.

미련인 한줌 사랑 움켜쥐고
그리움에 목숨 걸고 봄은 언제나
저 달 속에서만
움튼다.

독백 · 6

거미가 하늘에 둥실둥실 띄워 놓은, 하얀 유령의 우산 속에 붙들려 아직도 꿈의 피를 흡혈당하고 있는 반딧불이.

후회하지 않으리라, 그리워하지 않으리라 했건만, 그때 내가 더 참고 별리를 선언하지 않았더라면 지금 내 모습은 어떠할까. 그 사람은 또 날 어떻게 생각하고 있을까. 왜 이리도 가슴에서 떠나지 않을까.

배부른 생각하고 있는 거야. 아직 폐기물이 아닌 재활용품이라서 그럴 거야. 저 비좁은 서랍 방 컴컴한 방에 있는 저 커플 반지는 뭘 생각하고 있을까, 3년 간 내 손가락에서 떠나지 않았던 저 서랍 속 약속의 커플 반지.

독백 · 7

행여 그리움이 내 문 앞에서 서성거리고 있을지도 모른다는 착각에 불현 듯 쏟아 낸다.

아직도 걸음이 서툰 사랑詩인데도 오늘따라 힘이 더 들어, 절뚝거리는 기억의 종착역에 서서 긴 한숨을 내쉰다.

언젠가 내 그리움이 당신과 한 지붕을 덮을 때가 오리라 했건만, 그 때 별리의 그림자는 결코 생각지 못했단다.

차마 입에 담지 못할 말도 들었단다. 그림자와 처음부터 속삭이고 있을 줄은 몰랐단다.

커피 잔 속에서 추억들만 쏟아져 나온다. 마셔도마셔도 다시 차오르는 그리움으로 다가온다.

떠나 보낸 가슴앓이 달래며 미워하지 않으리. 다시 그리워하지 않으리. 훙얼훙얼 중얼중얼 다시 또 떠나간다.

독백 · 8

그 때 비바람이 엄청났습니다. 하염없이 내렸습니다. 아직 다 완쾌되지 못한 몸인 탓에 당신은 오늘따라 더 추워보였습니다.

전화 목소리가 감기에 젖어 있었습니다만 나는 어느 카페 번개모임에 함께 가자고 했습니다. 은근히 졸랐지만 결국 축 처져 허우적허우적 걸어가는 뒷모습에 가슴 저며 돌아오는 길이 사막이었습니다.

그 날, 돌아오는 길 가을이 서너 개 빨갛게 걸려 있는 해거름의 오두막을 보며 당신을 향한 조용한 詩 -이별- 한 편이 비탈진 언덕을 넘어가고 있었습니다. 알았습니다, 그 때 내 몸도 사막이었던 것을.

째깍째깍 숨넘어갈 듯 앓는 소리만 드높였던 그 몸시계는 철부지 울보바보의 사랑시계였습니다.

독백 · 9

돌이켜 생각해 보면 당신 마음 무인도로 변한 지 오래였는데 내가 모르는 무인도 남자의 품속에서 헤매고 있었는데도 마냥 좋아했지요.

느닷없이 미용기구를 사려 남대문 시장으로 함께 가자했어요. 한동안 무슨 일이 일어났는지 어리둥절했지만, 그 날 웬일인지 당신은 내게 예전의 모습 보여 줬지요.

도로옆 시장 입구 포장집에서 낙지에 소주 한잔 넘기는데 진실과 순수뿐인 낡은 호주머니가 또다시 속삭였지요. 그 때 내 발걸음 소리에 떼 지어 울음 그치던 벽제 화장터 아래 개구리를 떠올렸지요.

내 마음 펼쳐 보면 텅 빈 손바닥.
괜찮다. 오늘은
괜찮다.

| 작품해설 |

사랑이라는 관념(idea)의 형상화시形象化詩

-윤건영 제13시집 『맨발로 걷는 달팽이』

이 수 화 | 시인

| 작품해설 |

사랑이라는 관념(idea)의 형상화시形象化詩

-윤건영 제13시집 『맨발로 걷는 달팽이』

이 수 화 | 시인, pen원임부이사장, 한국문학비평가협회 회장

열세 번째 윤건영 시집은 『맨발로 걷는 달팽이』다. 그리고 시집 주제는 사랑(Love, 남녀 간의 연애戀愛, 남과 여가 영육靈肉합일에 이른 애정愛情이다. 그 사랑이란 관념觀念[이데아idea]의 존재론적 형상화形象化 시詩들을 윤건영 시인은 이 시집에 가득 채워 놓고 있다.

그런데 이미 12권이나 호한 장려의 텍스트 군群을 과시하고 있는 그가 어째서 13권 째나 되는 이번 시집을 사랑 시들詩群으로 가득 채우고 있다는 것인가. 그의 연령 추세로 보아 그럴 수도 있는 이른바 만혼기晩婚期의 그것이란 말인가. 아니다. 이 시집 사랑시, 연애시들은 윤건영 시인의 청춘靑春시절 이미 써 두었던 언필칭 구

고舊稿에 속하는 텍스트 군을 평설자가 현재 시점으로 파악하는 것뿐이다. 한 파란만장의 시인의 겪어 낸(※각주의 시집들 참조) 그의 청춘 때의 사랑이야기(!) 매우 흥미진진치 않을까보냐. 가령, 시집 메타텍스트 『맨발로 걷는 달팽이』부터가 그렇지 않은가. 시 전편全篇부터 읽어 본다.

※ 12권의 윤건영 시집 필모그래피는 시집 날개의 목록 참조.

방문을 나서면 비린내는 이내 사라지지만, 몸에 밴 홀아비/ 담배 냄새와 주머니 속 진실과 순수의 향기는 아직도 여전하다.

마음을 봤다면 믿음까지 봐야 할 것을 돈 없는 사랑이 늙으면 가정도 없다고 등 돌린 그녀의 포탄이 떨어진 뒤, 그는 단지 인공호흡의 꼬리표만 달고 있을 뿐이다.

등대도 방파제도 죽고 펄펄 생선도 배도 없는, 사랑을 낚고 부려놓던 썰렁한 항구를, 집 잃고 길 잃은 달팽이 한 마리 맨발로 걷고 있다.

-윤건영, 〈맨발로 걷는 달팽이〉全文

예시豫示한 윤건영 시詩(윤건영 시인의 詩, 이후 동일) 「맨발로 걷는 달팽이」 표제가 표상하고 있는 화자는 텍스트의 외연外延이 말해 주듯 맨발의 청춘이다. 그것도 사랑이 늙으면 가정도 없다고 등돌린 여자 때문에(둘째 연) 패각을 잃은 한 마리 가련한 달팽이 신세가 되었다는 것이다. 이와 같은 절망적인 윤건영 시군詩群의 주체적 캐릭터는 시를 쓰는 청춘 백수인데 예시에선 연인녀에게 걷어 채인 존재다. 그의 이상李箱스러운 〈독백 · 9〉에서 그 존재론을 규시해 보자.

①
돌이켜 생각해 보면 당신 마음 무인도로 변한 지 오래였는데도 마냥 좋아했지요. 내 마음 펼쳐 보면 오늘도 텅 빈 손바닥.

느닷없이 미용기구를 사려 남대문 시장으로 함께 가자했어요. 한동안 무슨 일이 일어났는지 어리둥절 했지만, 그 날 웬일인지 당신은 내게 예전의 모습 보여줬지요.

도로 옆 시장 입구 포장집에서 낙지에 소주 한잔 넘기는데 진실과 순수뿐인 낡은 호주머니가 속삭였지요. 그 때 내 발걸음 소리에 떼 지어 울음 그치던 화장터 아래 개구리를 떠올렸지요.

내 마음 펼쳐 보면 텅 빈 손바닥.
괜찮다. 오늘은
괜찮다.

- 윤건영, 「독백 · 9」 全文

②
괜찬타 ……
괜찬타 ……
괜찬타 ……
괜찬타 ……

끊임없이 내리는 눈발 속에서는
山도 山도 靑山 안끼어 드는 소리. ……

- 미당 서정주 「내리는 눈발 속에서는」 후반

예시들 ①과 ②의 "괜찮다"와 "괜찬타" 그 어조(Ton)와 문자 표기의 차이는 두 시인의 삶의 곡절만큼이나 같거나 별반 차이가 없다. ①의 윤건영의 삶과 ②의 미당의 삶은 두 시인 각기 그 정서 가치가 다르고,(다르다. 그러나) 그래서 미당의 청산靑山도 품어 안을 수 있는 눈발 내리는 소리 속 고요함이나 윤건영의 화장터 아래 개구리 울음 소리 그치던 그 고요함이나 그 순간적인 생生의 고요한 정적감靜寂感(우주적 자아 존재 체험)은 온전히 괜찮은 것일 터이다.

이 다만 이들 시인의 전생애全生涯가 그렇지 않다는 데 우리는 그들의 시인적詩人的 괜찮지 않음에 대한 서글픔이 뒤따를 뿐이겠다. 그래서 윤건영의 시는 예시에서 후말행 종지부 괜찮다에서 오늘은 괜찮다는 선험주의

[apriorism] 정서어情緖語 '오늘' 이라는 단정적 수식어가 얹혔는지도 모를 일이다. 미당도 시 「내리는 눈발 속에서는」이라는 시공적 단서를 얹었지만 그가 저 시작詩作 후로 겪어야 한 친일시비 등 괜찮지 않은 일사를 떠올리면 ……. 어쨌든 윤건영 시의 저 '괜찮은 오늘' 이후 그의 사랑시는,

사랑이라는 말은 어디서 생겨났을까.
홍역이라는 말은 어디서 시작됐을까.

술이란 놈 아무리 몸부림쳐도 기억만 봇물처럼
쏟아낼 뿐이다. 담배란 놈 아무리 잡아먹어도
허연 웃음만 드러낼 뿐이다.

사랑한 날보다 사랑을 지울 날이 더 많다는 것.
그것보다 더 괴로운 건 잊지 못한다는 것.
발자국마다 허공을 향해 머리를 두고
흔들거린다.

기억의 메아리로 만들어진 층계마다
기억을 밟고 오가는 풍경마다
순결의 상처다.

- 윤건영, 「기억의 메아리」 全文

— 과 같은 사랑이 윤건영 시의, 그 순경한 삶의 지향성에 얼마나 뼈저리는 상처로 각인돼 있는가를 드러내

보인다. 그도 그럴 것이 그의 사랑은,

나만 생각하면 갑자기 가슴 아파진다는 당신
가끔 울먹이다 소리 내어 훌쩍이는 당신
그러다 기분 내키면 나도 모르는 노래 흥얼거리는 당신
술 먹고 필름 끊어졌을 때도 아낌없이 사랑해 주는 당신
때론 남 다 들으라는 듯 흥분해 소리 높이는 당신
때론 남 다 보는, 장소 가리지 않고 뽀뽀해 주는 당신
때론 소리 내어 깔깔깔 박장대소하는
내 사랑 당신
당신

로또 1등 당첨보다도 더 큰 행운인 당신
네 잎 클로버도 아닌 여섯 클로버 행복인 당신
내가 여태 혼자 살아왔던 이유인 당신
토라진 우는 모습 화내는 모습 다 싫지 않는 당신
그 모습 곱게 예쁘고 착하고 어진 당신
그 중에 제일은 이 모두 내 죄 많은 탓인 걸 모르는
내 사랑 당신
당신

- 윤건영, 「당신」 全文

— 처럼 지금한 사랑이었기 때문이다. 그런데 어째서 연인녀戀人女는 시인의 사랑을 뿌리쳤을까. 여기까지도 윤건영 시의 사랑이라는 관념형상화방법觀念形象化方法,

(indeo grammic method)은 엘리엇이 말하는 사상思想(사랑이라는 관념의 사상성思想性)의 감각화感覺化(詩의 形象化)를 훌륭히 이뤄놓고 있다하겠다.

에즈라 파운드도 그의 저 관념형상화 방법론에서 지성知性과 감정感情이 분열되지 않는 통합된 가뭇성을 높이 사고 있음에 비춰볼 때 윤건영 관념(사랑) 형상화 방법은 서정성이 물씬한 주지주의시(主知主義詩-intellectualism poetry)를 일찌거니(11권까지 시작詩作 이전부터란 의미임) 공부했음을 추단케 하기도 한다. 말하자면 윤건영 시의 사랑이라는 관념 형상화 시창작 실천은 자연발생적 유로 행위도, 단순한 리리시즘시 창작 행위도 아닌 보다 차원 높은 모더니즘 주지주의와 이미지즘시 창작 행위의 진화된 문학 소산이란 뜻이다.

이제 그 종합적 창작 사례, 즉 윤건영 관념(사랑의 테마) 형상화 작업시[주지주의시主知主義詩, intelletualism poetry] 버라이어티를 살피기로 하겠다. 행수行數 No는 평설자 용이다.

①
사랑을 버린 당신 잊으려
이별을 들고 눈물바다 건너는
고인돌

재빠르게 달아나는 기억의 바퀴 볼륨을 더 높인다. 아픈 몸 하나 거두지 못하는 아무 비전 없는 내게 당신의 남은 인생을 맡기지 않겠다며 조삼모사 불륜의 열쇠로 자물쇠를 거는 거미.

맺지 못한 인연에
비틀비틀 실연의 그리움을 마시는
고인돌

- 윤건영, 「중독」 全文

②
그냥 방바닥에 엎드려
詩만 쓰는 이 사치 언제까지일까

마주 보고 있음에도 오갈 수 없는 야생의 절벽에서
'양육강식'의 사랑맛 알았으니 떠나라 한다.
서로가 상처 덜 입는
지름길이란다.

산불에 다시 우는 참매미.
인연의 샘에서 필연의 구렁으로 가야 하는 숙명
바람으로 태어나 바람으로 사라지는
아침 이슬 다시 저녁
노을일 뿐이다.

매달리는 독촉장 최고장은 목관조차 없는 고려장.
기적이 있을까. 희망이 멀어지는 만큼
당신 젖무덤에 묻히고 싶어
울음의 날개만 펼친다.

낙관과 비관 그 커피 잔 속에
누워 있는 이정표, 늘 유서를 쓰듯
안간힘쓰는 내 사랑은
굴피의 미로.

- 윤건영, 「늘 유서를 쓰듯」 全文

* 평설자 주: 약육강식弱肉强食이 아닌 養肉强食

③

물질적으로 아무리 풍요해도 육체적 결합 없이는 결코 조화를 이룰 수 없대요. 사랑하는 횟수는 주 1~2회가 면역력이 최상이래요. 성실한 결합은 그 횟수가 많을수록 스트레스 해소 호르몬과 노화방지 호르몬이 증가한대요.

34개의 얼굴 근육으로 이루어지는 무언의 약속인 이심전심. 말하지 않아도 알게 되는 것이 키스라 하네요. 만성적인 질병도 해소된대요. 미운이도 곱게, 힘든 일은 가볍게, 네가 나고 내가 너인 체감의 도수래요.

이 모두 당신 없이는 부질없는 사랑의 발견이어요. 왜냐면 아직도 나는 당신에겐 못 믿을 미운 사람. 나이 들어 아무것도 할 수 없어 詩만 쓰고 싶어 하는 사랑인 까닭인 거죠. 이젠 젖먹이 갓난아기 어디로 가야하나요.

- 윤건영, 「독백 · 3」 全文

예시처럼 ①, ②, ③은 사랑을 잃고 고인돌이 된 시적 주체가 방바닥에 엎드려 그냥 詩만 쓰면서, 연인녀戀人女를 생각하며 육적肉的 결합은 물질적 풍요 따위도 가당치 않음을 뒤늦게 독백하는 자아 성찰의 단계를 자성, 성찰하고 있는 형상화시다.

이미지즘 사물시事物詩(physical poetry)의 산문시散文詩 형식③에 저러한 시적 사유가 잘 녹아들어 있다하겠다. 윤건영 관념 형상화 포에지가 여지없이 주지주의 시적 가치를 결정結晶해 놓고 있는 것이다. 이러한 제재가 윤건영 관념 형상화 시작업과 같은 모더니즘 시기법에 의하지 않는다면 얼마나 징징거려쌓는 궁상맞은 리리시즘에 추락해 있겠는가.

윤건영은 실연과 방황과 그 실연의 원인 규명까지 이른바 주지주의 시의 표상성表象性(representation) 詩창작술에 능란한 솜씨를 구사하고 있는 것이다. 관념(사랑)이건, 에이도스[(관념사랑함)의 실체]인 건 감각적으로 사물(사태)을 보아내 형태화하고 있는 놀라운 관념 형상화 작시술의 종합적 태도(stance)를 견지하고 있는 것이다.

그런데 이 유서를 쓰듯 詩만 쓰지만 ① 섹스 같은 물

리적 사랑의 조건도 충족할 수 있는 ② 시적 주체에 반기를 든 연인녀戀人女는 정녕 시詩만 쓰고 싶어 하는 나이 든 이 사내를 박차고 더나버린 매정한 여자인가 ③ 살펴볼 필요가 있겠다.

"날씨 탓인가 그냥 보고 싶네요."
"성미가 오늘은 엄마하고 자고프다 해요."
"그런데 자꾸자꾸 이상하게 보고파요."

착한 당신, 예쁜 당신 보고 싶다는 말까지 다 하는 걸 보니
이젠 당신도 철드나 봐요.

처음이자 마지막인 아기인데도
아기가 유산되어 중절수술을 하지 않아
몸 상하지 않고 돈 들지 않아도 된다는 어진 당신,
고운 당신 내가 무능해 정말 면목이 없어요.

헤어진 뒤 보내온 여러 메일을 보면
당신이 몹시 기진해 하고 있다는 걸 느낄 수 있었어요.
그리움의 씨앗인 별이 떨어지고
활짝 피어나는, 한 바구니 가득 넘치는
당신과 내 눈물은
몸살꽃이어요.

- 윤건영, 「몸살꽃」 全文

— 에 보이듯 (제3연) 어질고 착한 여인임을 알 수 있다. 그러니 이 「몸살꽃」이 화자의 말처럼(믿음처럼) 한 때 앓고 나면 씻은 듯이 회복되는 사랑의 몸살꽃이므로 다시금 그 튼실하고 어여쁜 사랑의 열매를 맺을지 자못 독자들 가슴에 대망의 기쁨도 기대케 하는 관념(사랑) 형상화 시쟁이[詩匠人]이 윤건영 모더니스트 시인이 아니랴 싶다. 그리하여 그가 도달할 수 있는 〈주름 다시 접을 때〉에 이르면 그가 몸부림쳐야 하는 사랑이라는 관상염불觀想念佛(觀念이야말로 저 플라톤의 대오각성적 삶의 진(리)체 眞(理)體인 에이도스(eidos)에 마침내 도달한 때가 아닌가. 탄성이 절로 터져 나오게 되는 것이다.

생에 몇 번인가 매었던 넥타이를 다시 매고 죽음의 호흡을 길게길게 한 번 내쉬고 목구멍 편안하게 쉬게 만들 곳 그 어딘가. 말끔하게 면도한 쌀벌레의 검은 얼굴을 남기고 싶다. 아귀아귀 허기진 사랑을 설거지하고 어둠을 베어 사골로 푹 고와 내고 싶다.

맨발인 내 영혼에 깊숙이 칼집을 내어 어머니 목숨처럼 홀쩍홀쩍 흘리고 싶다. 그리하여 저 독재자인 생명 앞에 참새처럼 입방아 찧어 여름 땡볕을 씻어 낸 가을하늘로 다시 초롱초롱 지저귀고 싶다.

손수건 가득 담긴 눈물의 섬 그 곳에 가고 싶다. 등 부른 낙타처럼 앙상한 사막 그 곳에 가고 싶다. 실종

된 울음을 싣고 사이렌 울리는 구급차처럼 화장터 화구 속 물기 없는 벌레가 되고 싶다.

화장터 그 곳이야말로 너 마지막으로 값싸게 세를 들 수 있는 주름살 가득한 살가죽의 안식처인 것을. 그래 이제 겨우 알게 된 순간 무덤을 열고, 벽암록 · 종용록 · 전등록 그 찬란한 佛歌의 관을 내린다.

- 윤건영, 「주름 다시 접을 때」 全文

인간의 육신에 다붙어 그 생명과 혼종성混種性을 함께 하는 '주름' —. 그것은 그것이 우리 육신에 넘쳐나면 넘쳐날수록 인간은 죽음에 이른다. 마지막 잠시 세들 수 있는 화장터를 거쳐 한 줌의 재로 변하는 저 사중생死中生의 혼종성에 사는 주름(우리 삶) 한 꺼풀에 지나지 않는 사랑(관념=관상염불)이란 관념을 이다지도 이 시집 가득히 형상화되고 있는 윤건영 詩야말로 이제 천천만 년수를 누릴 우리 민족시民族詩 구원久遠의 경전이고도 넘치는 찬사가 따라야 마땅할진저—. ■